VOYAGE SUR LA SEINE,

EN VERS ET EN PROSE,

DE ROUEN AU HAVRE DE GRACE,

PAR LE PAQUEBOT A VAPEUR,

LA DUCHESSE DE BERRY;

Par M. CHAIGNE, électeur et ancien maire;

ROUEN,

F. BAUDRY, Imprimeur du Roi.

—

1821;

VOYAGE SUR LA SEINE,

EN VERS ET EN PROSE,

DE ROUEN AU HAVRE DE GRACE,

PAR LE PAQUEBOT A VAPEUR

LA DUCHESSE DE BERRY.

De la rade de Quillebeuf, le 27 Juillet 1821.

A Madame B**. C**., de Cuisery.

Mais tout dort, passagers, machiniste et pilote;
Et moi seul éveillé vers une triste côte,
Et ne pouvant trouver le sommeil sans un lit;
D'un voyage nouveau j'entreprends le récit :
 Heureux, si le désir de plaire
 A qui j'adresse cet écrit,
Me sert de muse, et m'échauffe, et m'éclaire
 Dans le silence de la nuit.
Il est minuit : les flots agitent le navire
Que meuvent à leur gré Neptune avec Vulcain;
 Après un modeste festin,

Où régnait l'aimable délire

Nourri par des flots de bon vin ;

Un concert s'établit ; et nos joyeux convives ;

En dépit d'eux , retenus sur ces rives ,

Unissent les accords de quelques instruments

Au son de voix harmonieuses.

On se lasse de tout : les yeux sont moins brillants,

Et le sommeil étend ses faveurs précieuses

Sur tous les joyeux habitants

Du paquebot battu par des vagues fougueuses.

Chacun cherche en un coin où placer un coussin ,

Des habits , un manteau pour y poser la tête :

Chacun s'endort ; moi seul bercé par un lutin ,

Pensant à vous, je poursuis la conquête

De quelques vers pour votre fête ;

Et je commence par la fin

Le récit d'un itinéraire ,

Entrepris pour connaître un pays non lointain ;

Sur un navire non vulgaire.

'Après ce début qui a besoin de quelques explica-
tions , je vous dirai, Madame, que j'étais-fort empressé
de voir la ville du Havre dont le port est actuellement
le plus fréquenté de tous ceux de la France. Je voulais
aussi connaître les rives de la Seine , depuis Rouen
jusqu'à son embouchure. On m'avait représenté les
rives de ce fleuve comme les plus belles du royaume.

Né près des bords riants de la tranquille Saône , je me défiais un peu de ces éloges exagérés , permis à l'amour que l'on a pour son pays. Exécuter ce petit voyage par eau , et revenir par terre, c'était remplir deux buts , celui de connaître le mécanisme des bateaux à vapeur , dont le feu est le principal agent , en appréciant la célérité de leur marche : le retour par terre remplissait l'autre but , celui de voir plus de contrées , et de juger mieux de l'industrie et de la culture d'un grand département.

Je m'embarquai donc le 26 Juillet 1821 , à six heures du matin , sur le paquebot à vapeur auquel la Duchesse de Berry a donné son nom. L'effigie de cette princesse , très-bien sculptée sur la proue de l'élégant navire , contribuait à son ornement.

Il y a dans l'intérieur du bâtiment deux salons , une salle à manger et quelques cabinets ; l'emplacement de la machine occupe au centre une partie de l'intérieur et du pont , au-dessus duquel s'élève une longue cheminée en forme de tube. Une vaste chaudière de la même forme , et contenant à peu près seize hectolitres d'eau , est continuellement mise en ébullition, et la vapeur concentrée dans un récipient fait mouvoir une pompe à balancier qui communique son action à quatre roues parallèles en fer. Le jeu de ces roues sur d'autres roues en bois qui plongent dans l'eau à une profondeur d'un pied et demi au plus , déplace par leur mouvement continuel un volume d'eau toujours successif, et leur force dominant à la fois le vent et la marée , fait descendre ou remonter sans fatigue le cours de la Seine ; la marche du bâtiment est calculée à trois lieues par heure , et pour prévenir toute explosion , on a adapté à l'entrée du canal de la vapeur une soupape qui s'ouvre d'elle-même pour donner issue à l'excédent.

Ce navire peut facilement contenir cent passagers ; mais il ne portait ce jour-là que seize personnes , parmi lesquelles se trouvaient deux jeunes femmes au service de deux jeunes anglais ; l'un d'eux était né à Bombay sur la côte de Malabar ; une dame de Strasbourg , fort aimable , et son mari , voyageant pour leur plaisir et pour leur instruction ; un ex-officier de la vieille garde , décoré , un gendre de M. Lecarpentier , peintre , professeur de dessin et homme de lettres distingué de cette ville , auteur d'un Itinéraire intéressant de Rouen et de ses environs , d'une Galerie des peintres célèbres ; un avocat de Meaux , un ex-avoué du Havre , étaient les principaux voyageurs du paquebot.

Je ne comprends point dans ce nombre un américain , chef de l'entreprise , et M. Playe, notre capitaine, homme fort gai , aimable , musicien et bon chanteur.

J'avais oui dire que cette découverte récente avait, comme toutes les conquêtes nouvelles en industrie, de nombreux et malveillants détracteurs, sur-tout dans la classe des gens de rivière ; ma traversée de Rouen au Havre m'a confirmé l'évidence de cette opposition. A peine étais-je sur le navire, que j'entendis un ouvrier même, employé au mouvement de la machine, exprimer le désir insensé de voir une détonation la briser, et en porter les débris sur le côteau voisin.

J'ai vu, le soir, la joie du peuple de Quillebeuf, lorsqu'il sut que notre embarcation était forcée de relâcher vers son port, et qu'elle ne pouvait arriver le même jour à sa destination, inconvénient produit par la marée qui était basse, et par un vent de mer très-fort qui avait retardé la marche du navire. Je fus encore témoin de celle de plusieurs matelots du Havre, quand, deux jours après, le paquebot, cinglant pour retourner à Rouen, fut obligé de rentrer dans le port, par suite de quelques ouvertures qui s'étaient faites dans la chaudière, inconvénient qu'un peu plus de surveillance aurait évité, qui fut réparé en peu d'heures, mais qui retarde les voyageurs pressés, et déconsidère une invention utile et pour laquelle il faut inspirer la confiance.

> Ainsi de l'humaine malice,
> On reconnaît par tout l'effet ;

La jalousie et l'intérêt

Toujours enfantent l'injustice.

Cependant du départ le signal est donné ;

On quitte le séjour d'une ville de France,

Que distinguent les arts et le savoir orné ,

Et l'active industrie y créant l'abondance ;

Où l'on voit, tous les ans , en public couronné

Le buste révéré du premier des Corneilles ,

Qui sut , par de savantes veilles ,

Donner le jour au Cid , au Menteur , à Cinna ;

Ressuscita Sophocle , et peut-être créa

L'harmonieux Racine et le brillant Voltaire.

Mais où va me lancer ma muse téméraire ?

Mon dessein en vous écrivant , Madame, est de vous faire la description des beaux sites, des perspec-tives tantôt riantes , tantôt sublimes , et toujours variées d'un grand fleuve , que j'ai sauté à pieds joints dans ma jeunesse , près de sa source à Saint - Seine , à quelques lieues de Dijon ; d'un fleuve qui renferme dans son cours , de plus en plus agrandi , une infinité d'îles agréables de la plus belle végétation , et dont plusieurs sont habitées ; d'une rivière qui baigne , ici le pied de collines très-hautes , et dont le penchant tapissé de bois et de verdure , offre de distance en distance , des caves profondes et quelquefois le modeste logement du cultivateur ; là des plaines cultivées avec soin, riches par leur sol que diversifient de vastes prairies, des vergers, de belles avenues, de magnifiques habitations et de nombreuses usines et manufactures ; d'une rivière enfin qui a, près de son embouchure, une largeur de trois lieues ; qui rend le port de Rouen l'entrepôt et l'intermédiaire du transport de toutes les productions du monde, et qui, ainsi que l'a dit ingénieusement un député à la tribune du corps législatif, fait du Havre un des faubourgs de la capitale, dont la Seine est la grande route (1).

> J'ai fait la part due au mérite,
>
> Aux talents, aux arts, au pays :
>
> J'ai flatté l'humeur favorite

D'un peuple heureux et fier de ses riches produits ;

> J'ai célébré son industrie.

J'admire avec transport ses superbes côteaux

Embellis avec goût, ses jardins, ses berceaux

> Que semble animer la féerie.
>
> Je jouis avec volupté

Quand las du bruit, fatigué de l'étude ;

> Je porte mon inquiétude,
>
> Quelquefois mon oisiveté,

Vers ses cours étendus, boulevarts et bastides.

---

(1) Ce mot est de Napoléon ; mais le député en le répétant, n'a point nommé son auteur, et je l'ignorais.

Brillant sur les débris des remparts homicides:

Par tout , hors de ses murs, éclate la splendeur ;

Par tout je vois empreint le sceau de l'industrie ;

La mise de son peuple annonce le bonheur,

Mais ses maisons , ses quais décèlent l'incurie.

'Ah ! quand de toutes parts, dans toutes les cités ;

Tout s'embellit, tout prend une face nouvelle,

Quand en France au bon goût les esprits sont portés ;

    Pourquoi ne suis-tu pas , ô Rouen , ce modèle ?

    Pourquoi retarder plus long-temps

D'abattre de tes quais chaque ignoble masure ;

D'offrir avec orgueil la noble architecture

D'un beau pont , de ton port et de tes bâtiments ?

Egalant, surpassant les villes tes rivales ,

    Par les tributs de l'univers entier ,

    De tes richesses colossales

Fais un usage utile , étant leur héritier (1).

Ces vers , Madame , m'ont été inspirés par la peine que j'ai de voir un contraste frappant dans une ville très – grande et très - peuplée , manufac-turière , industrieuse et opulente , favorisée par tous les dons de la nature , par la fertilité de ses campagnes ; par les avantages de sa position

____

(1) Il est reconnu que le commerce maritime a pris une autre direction au détriment des villes de Marseille et de Bordeaux en faveur du Havre et de Rouen.

géographique ; n'offrir dans son ensemble qu'un amas de rues mal percées, très-étroites pour la plupart, et d'édifices presque tous en bois, mêlés avec des briques, et d'un mauvais goût ; de voir, dis-je, un port vaste et commode, fréquenté par les pavillons de tous les états européens, j'ai presque dit du monde, encombré d'une infinité de viles baraques et de dégoûtants réceptacles d'immondices.

Espérons qu'une nouvelle administration, confiée aux soins d'un homme plus recommandable par ses vertus que par ses titres, unissant ses moyens d'influence et son zèle pour l'intérêt public, au zèle et à l'intelligence reconnue de M. le préfet, fera d'abord disparaître ces cloaques infects que l'on voit au-dessus du pont et dans d'autres lieux ; que ces deux autorités s'occuperont avec activité de la régularité des constructions à faire sur les quais ; qu'elles inspireront une généreuse émulation ux grands propriétaires, aux opulents capitalistes, ainsi qu'aux riches négociants de cette importante cité, de concourir de concert, par des avances de fonds, remboursables avec les intérêts, pour racheter ces cabanes et ces échopes, et les remplacer par de beaux bâtiments, suivant le plan et l'alignement des premiers et beaux édifices auprès de la rue de Fontenelle.

Que ne peut d'ailleurs une sage administration de

grands revenus ! Et qu'il me soit permis de citer à cette occasion l'administration paternelle et éclairée du maire de Lyon, ville qui a de si grands rapports de commerce avec Rouen , malgré la distance qui les sépare , administration présidée depuis quatre ans par M. le baron Rambaud, ancien procureur général. Au mérite d'avoir fait cesser à l'expiration de trois années une imposition fort onéreuse , établie pour six, et fixée sur le prix des loyers , afin de payer les dettes contractées par la ville à l'époque des deux invasions , il a joint celui de racheter , sans emprunt , plusieurs édifices et des emplacements nécessaires à l'élargissement de quelques rues, pour la continuation des beaux quais de la ville et l'agran-dissement de la place des Célestins.

Il ignorera cet hommage d'un homme éloigné ; d'un de ses concitoyens transplanté , par des inté-rêts de famille , à cent cinquante lieues de sa patrie adoptive , mais la voix publique lui porte chaque jour celui de la reconnaissance de ses administrés (1).

---

(1) Il est doux de rendre la même justice à M. Puy, décédé maire d'Avignon, il y a un an à peu près. Possesseur d'une mai-son dont la démolition, comme celle de plusieurs autres, était avantageuse à la ville, il fut le premier à donner l'exemple, en faisant abattre la sienne, sans exiger aucune indemnité ; et dans une souscription ouverte pour ses administrés, il s'inscrivit pour un don de 30,000 francs.

Voilà, Madame, des digressions un peu étrangères à
l'objet de mon voyage : votre indulgence me pardon-
nera ces écarts ; puisse-t-elle me pardonner égale-
ment la longueur d'un écrit que j'ai commencé
uniquement pour vous souhaiter une bonne fête,
et que je finirai je ne sais comment.

> Le temps qui vole à tire d'aile,
>
> Emportait fort rapidement
>
> Notre paquebot élégant,
>
> Sur une rive riche et belle.
>
> Mes yeux, surpris de tous côtés,
>
> A chaque instant changeaient d'images,
>
> Et découvraient mille beautés
>
> Que présentaient les deux rivages.

Plaines de Saint-Sever, côteaux de Canteleux !
Vous aviez captivé mes regards curieux,
> Dans mes promenades tranquilles,
J'aimais à voir de l'un les campagnes fertiles,
Ses clôtures, ses prés, ses vergers gracieux ;
L'autre m'offrait sur ses monts sourcilleux,
Les sinuosités d'un bassin peuplé d'îles ;
Des navires flottant sur un fleuve enchanteur,
Et d'autres arrêtés par un courant contraire :
Par tout l'aisance unie au travail bienfaiteur ;
Tout fixe l'œil avide, et sert à le distraire ;
Sur la crête du mont son magique château,

Sa terrasse plongeant dans la vaste étendue ;

Ses forêts, sa belle avenue :

Mais bornons là notre tableau.

Je ne peux oublier l'impression que m'ont faite les deux vallées de Bapeaume et de Déville, voisines de Canteleux (1).

Elles ne sont point dans les perspectives de la Seine, quoiqu'elles en soient très-rapprochées ; je les avais visitées dans mes promenades ordinaires, et j'avais été étonné de la beauté de leur site. Arrosées par la petite rivière de Cailly qui, par ses mille détours, est pour elles une source de richesses, ainsi que par la Clairette qui a ses sources près de Maromme, elles voient s'élever avec une sorte de grandeur sur leurs rives un nombre considérable d'usines de la plus haute importance. Une incroyable activité, une intelligence rare se montrent dans la direction de leurs manufactures intéressantes, par la multitude de bras qu'elles emploient, par la fraîcheur de dessin de leurs indiennes, par la beauté et l'éclat

____

(1) La vallée de Darnétal, au nord de Rouen et à moins d'une lieue de distance, est aussi agréable par sa situation qu'intéressante par les deux rivières de Robec et d'Aubette, sur lesquelles sont un grand nombre de fabriques et d'usines. On donne à cette ville nouvelle une population de 6,000 individus.

de leurs tissus ; par la richesse des belles teintures en rouge des Indes, par l'agrément de leurs prés, de leurs jardins et de leurs jolis ponts, ainsi que par la riche ordonnance des habitations des principaux manufacturiers, MM. Desmarets, Arnaud-Tison fils, Vavasseur et Barbet.

Vos mains libres industrieuses,
Utiles citoyens, par vos labeurs heureuses ;
Ont enrichi ces vallons dont l'anglais
Admire les beautés, jalouse les succès,
Et le Manchester de la France,
Source de biens et d'abondance,
Est sorti de vos mains, se trouve en ces vallons,
Et féconde à la fois vos toits et vos sillons.

Au bas du village de Canteleux et sur la rive droite de la Seine, sont les hameaux de Croisset et de Dieppedalle ; ils occupent une longue lisière de maisons, dont la plupart sont bien bâties ; de jolis jardins embellis par les dons de Flore, et des cabinets d'ombrage ajoutent à leur agrément.

Dieppedalle et Croisset, situés au bas des côteaux, renferment un grand nombre d'immenses caves taillées dans un roc tendre ; les voitures peuvent y entrer avec facilité. Ces caves servent d'entrepôt pour le commerce des vins de la Bourgogne, de ceux du Mâconnais, du Beaujolais, et des vins et eaux-de-vie du midi de la France. J'ai vu quelques-unes de ces caves qui contenaient jusqu'à dix-huit cents pièces de deux cent vingt litres , et j'y ai fait un dîner fort gai avec quelques lyonnais. Là, j'ai eu la preuve que nos vins ne dénégéraient pas dans ces vastes celliers et dans le nord de la France : c'était un lendemain de Pentecôte , jour remarquable à Lyon par les fêtes agréables de l'île Barbe et le grand nombre de voitures , de cavaliers et de personnes qui s'y rendent.

Nous nous sommes unis dans ce jour à la joie de nos concitoyens.

Nous avançons : en face de Sahurs , beau village sur la rive droite de la Seine , riche en belles perspectives et par ses productions, on découvre celui de Moulineaux , non moins intéressant, et célèbre de plus par le château dit de Robert-le-Diable. Il était situé sur une montagne fort escarpée , assez près des rives de la Seine pour en défendre le passage ; il avait été bâti par un prince appelé Robert-le-Diable , fils et frère de ducs de Normandie , à qui ses violences et ses déportements avaient fait donner ce titre singulier. Les débris du château, que l'on aperçoit encore de la rivière , ont conservé le nom du prince. Il fut démoli par Jean-Sans-Terre , duc de Normandie et roi d'Angleterre , lorsque précipitant sa fuite il alla

cacher sa honte dans son île, abandonnant à Philippe-
Auguste les provinces qui relevaient de la France.
Une tradition du pays, que je crois erronée, dit
que ce fut dans cette fuite et sur le fleuve que ce
cruel et faible roi tua lui-même son neveu Artus,
duc de Bretagne, à qui la Normandie et le royaume
d'Angleterrre appartenaient par droit de naissance.
Je ne porte mon doute que sur l'époque et le lieu
du crime.

Une longue avenue, à la suite d'une belle prairie,
se prolonge de Moulineaux à la Bouille, qui avoisine
les carrières de Caumont. J'y reviendrai bientôt.

On arrive à Duclair : c'est là que la Seine multiplie
ses rivages par ses brusques détours, changeant sa
direction du levant au couchant, pour prendre celle
du midi au nord ; descendant ensuite du nord au midi,
elle revient à sa première direction jusqu'à la mer, après
mille sinuosités et avoir offert d'autres points de vue
très-intéressants. Arrivés à Duclair, nous avions fait
douze lieues par eau, et ce bourg n'est qu'à quatre
lieues de Rouen.

Il est, vous le savez, Madame, des délassements
dont le besoin se fait sentir au milieu des plus vives
jouissances. Mes yeux toujours fixés sur mille objets,
se lassèrent d'observer cette foule de tableaux fugitifs
qui se succédaient si rapidement des deux côtés du

rivage. Je trouvai, après quelques heures, de la fatigue à promener mes regards sur un trop grand nombre de jolis paysages et de vues pittoresques. J'avais connu cette fatigue et le besoin de distraction, à l'aspect même des plus beaux objets, il y a dix mois, lorsque, visitant pour la première fois le magnifique et vaste musée de la capitale, mon admiration, à la vue de tant de chef-d'œuvres que je voulais observer tous dans une même séance, céda, avant la fin, au besoin de sortir de l'impression confuse et vague que cette multitude de statues et de tableaux avait laissée dans ma tête : ainsi le son d'une cloche qui nous appelait à dîner, fit sur tous les voyageurs une diversion fort agréable, et chacun s'empressa de quitter le pont, sa lunette et la campagne, pour se rendre dans la salle à manger.

N'attendez pas que je vous fasse la description de notre repas ; il n'avait ni l'élégance, ni l'abondance, ni la délicatesse de ceux que l'on fait chez vous, ou que l'on sert au Palais royal chez le célèbre Véry ; le service était simple, mais propre, les mets suffisants pour satisfaire l'appétit et pour appeler la gaieté au milieu des convives. La libéralité du capitaine du paquebot, qui nous donna deux bouteilles de vin de Bordeaux et qui unit sa voix fort agréable à celle de nos deux anglaises *par caprice*, termina joyeu-
sement

sement ; avec le café , un dîner dont nous fûmes
bien satisfaits.

Remontés sur le pont , nous découvrîmes , à peu
de distance , sur la rive droite , les tours et les flèches
de la célèbre abbaye de Jumiéges , tristes et magnifiques débris d'un monastère de bénédictins fort
riches , situé dans un beau pays. La vaste demeure
des moines a été démolie , et le temps ne tardera pas
de dérober à la vue les superbes restes du luxe de
ces pieux cénobites.

> C'est sous les voûtes de l'église
> Qu'est le tombeau de notre Agnès
> Qui, par une aimable franchise ,
> Réveilla , d'un Roi des français ,
> L'honneur ainsi que la vaillance.
> Agnès , ton nom cher à la France ,
> Sera célèbre pour jamais ;
> Et le nom d'une autre héroïne ,
> Qui la sauva de sa ruine ,
> A fait la honte des anglais.

On connaît la réponse que fit Louis XI aux moines
de cette abbaye qui , plusieurs années après la mort
d'Agnès , sollicitèrent ce prince pour qu'il leur fût
permis de faire exhumer de leur église les restes de
cette beauté ; j'y consens , leur répondit le Roi ,
mais à condition que vous rendrez les terres qui vous

ont été données pour sa sépulture ; ainsi que pour les fondations faites pour le repos de son ame. Les importunités des moines cessèrent alors. Agnès était morte au hameau du Mesnil près de cette abbaye, non sans de graves indices de poison , tandis que Charles VII faisait le siége de Caudebec.

Sur la rive gauche et avant Jumiéges , on jette agréablement les yeux sur le joli château du Landin , placé dans un des plus beaux aspects de cette rive. Bientôt , mais après Jumiéges , et toujours sur la rive gauche , se dessine le beau château de la Mailleraye , remarquable par sa situation , ses jardins , ses avenues et son parc ; il appartient à madame la marquise de Nagu , dont la fille unique a épousé le comte de Mortemar , fils du duc et pair de ce nom. Cette respectable dame n'a rien épargné , dit-on , pour augmenter les embellissements d'un séjour continuellement visité par les étrangers.

C'est près de Jumiéges et depuis l'embouchure de la petite rivière de Bolbec jusqu'à Caudebec , que l'on jouit , à droite et à gauche du fleuve et le long des côtes de Villequier, des points de vue les plus brillants , par la beauté des sites que l'on découvre pendant la traversée.

Mais déjà dans son cours la rivière élargie,

Offre un aspect plus imposant ;

Et déjà nous touchons à la rive fleurie

De Caudebec, séjour intéressant.

Son église, son port, ses belles avenues ;

Ses maisons bien entretenues (1)

Annoncent le bon goût, l'aisance et le bonheur :

Tu disparais bientôt, mais tu vis dans mon cœur.

Caudebec situé entre deux côteaux, était autrefois l'entrepôt des pêches de la Seine ; les navires s'y arrêtent ou s'y rendent souvent, afin d'y faire leurs provisions de bouche pour les voyages de long cours, les denrées y étant beaucoup moins chères qu'au Havre et à Rouen.

Cette ville a une population de cinq ou six mille individus.

En suivant le même côté de la rivière, ou aperçoit une infinité de vergers appartenant à de petits propriétaires. Ils sont tous séparés les uns des autres par des haies vives, tous ont un petit sentier pour arriver à la Seine ; mais la vue des habitations est cachée par la hauteur des clôtures.

Bolbec situé au nord-ouest de Caudebec, dans le pays de Caux, est à quatre lieues de cette dernière ville.

---

(1) Je parle de celles que j'ai vues de la Seine. J'ai su depuis que l'intérieur de la ville ne répondait pas à l'agrément de son port.

Bolbec n'est point sur la Seine ; mais , quoique je ne l'aie pas vue , cette ville mérite de n'être point oubliée dans le récit de mon voyage. Avantageusement située sur la rivière qui porte son nom , elle fut réduite en cendres en 1765 : elle est devenue un lieu de grande fabrique et par conséquent de grande prospérité. Sa population est maintenant de six à sept mille habitants composés en majeure partie de familles protestantes fort riches.

Le curé de cette ville est un homme des plus recommandables par ses vertus , ses qualités morales et sa modération. Non indifférent sur le culte , il ne voit que des frères dans les protestants comme dans les catholiques. Aussi , par une honorable confiance et une estime universelle , les riches protestants déposent entre ses mains d'abondantes aumônes , dont ce digne pasteur fait lui-même la répartition aux indigents des deux religions , qui le regardent comme leur père.

O pasteur de Bolbec! digne ange de la terre!
Je ne te connais pas , et sans doute jamais
Je ne serai témoin des visibles bienfaits
    De ton utile ministère.
J'honore ta prudence et j'aime tes vertus :
A tes concitoyens ta mémoire bien chère
Passera chez leurs fils quand tu ne seras plus ;

Et chaque époux et chaque mère ;

Soit catholique, ou bien sectaire,

Te placera dans le rang des élus.

Le bourg de Villequier sur la rive droite de la Seine, à une lieue au-dessous de Caudebec, est aussi intéressant par la beauté de sa situation, que par sa rade très - avantageuse pour les bâtiments qui remontent ou descendent la rivière ; ils s'y arrêtent ordinairement pour attendre la marée et y faire quelquefois leurs provisions.

Nous arrivâmes, sur les six heures du soir, à Quillebeuf, petite ville longue et mal bâtie. Le pilote nous avait prévenus qu'il y aurait du danger d'aller plus loin, la marée étant basse et le vent très-fort. En continuant notre voyage, nous serions, disait-il, portés à la nuit vers la barre, où se fait sentir avec violence le refoulement des eaux du fleuve par la haute marée. Le danger devenait plus grand, puisque nous avions un vent de mer très-fort. Là commencent les bancs qui rendent très-difficile la navigation de la Seine jusqu'au Havre : la marée les déplace souvent : il est donc prudent de ne pas s'exposer par un gros temps et dans l'obscurité à traverser cette barre périlleuse. Ainsi nous fûmes forcés de relâcher dans cette rade, et pour nous distraire, nous descendîmes à terre, et traversâmes le long boyau d'une petite cité, autrefois plus considérable, et dont Louis XIII fit démolir les murailles et les châteaux, pendant la guerre contre les protestants ; elle n'offre rien de remarquable ; sa population est de 1200 individus. Les hommes se livrent à la pêche et à la navigation, et les femmes font des dentelles communes d'un grand débit. C'est dans ces parages que se fait la plus grande pêche de l'éperlan, excellent petit poisson qui remonte la Seine ; il a la blancheur de la nacre, ressemble à l'able et il est un peu plus long et plus gros que le goujon des rivières de Bourgogne. On en fait de grands envois au Havre, à Rouen et dans la capitale.

Tous les passagers sans exception grimpèrent sur la montagne où jadis étaient deux châteaux pour défendre le passage de la Seine contre les invasions. Il n'en reste plus aucun vestige.

La rivière en dégradant la partie basse du sol sur lequel est bâti Quillebeuf, a placé cette petite ville dans un isthme alongé, en formant une anse entre la ville et la montagne.

La nuit venue, chacun de nous rentra dans le navire, où l'on servit les débris du dîner et des fritures d'éperlans ; mais je me dispensai de faire honneur au souper, et c'est dans le courant de cette nuit que j'ai commencé les premières lignes de ce voyage.

Enfin le jour arrive et non pas le réveil :
Tous dormaient comme on dort quand on est à son aise ;
Moi seul assis sur une chaise,
J'étais privé des douceurs du sommeil ;
Mais je pensais à vous, et vous deviez me lire ;
Quand un trait lumineux, précurseur du soleil,
Me fait monter sur le haut du navire :
Quel éclat ravissant ! quel brillant appareil
Vient dorer l'horizon, se lève sur le monde ;
Embellit l'univers et se dépeint sur l'onde !

La Seine en cet endroit a près de deux lieues de largeur, et le lever du soleil qui paraissait sortir du sein des eaux, fait une impression vive et un effet admirable, mais il était moins beau qu'il ne m'a paru, quand je le vis coucher dans la mer pour la première fois de ma vie dans le voyage que je fis à Dieppe il y a trois mois.

Cependant la marée étant revenue, nous permet de continuer notre voyage ; il était huit heures du matin. Bientôt nous découvrons sur la droite, mais à une assez grande distance, la petite ville de Lillebonne avec son vieux château, monument très-curieux, ouvrage, dit-on, des ducs de Normandie, et destiné à être une des barrières de la Seine : alors les eaux en baignaient les murailles, mais le fleuve s'est creusé depuis un lit plus commode pour la navigation. Un vaste espace de marais ; de prés et de champs fertiles la sépare de la Seine , et la variété de tous ces objets , ainsi que la côte de Tancarville qui forme près de là une baie profonde , offre à nos yeux une perspective des plus intéressantes.

Près de là , est le beau château de Trémauville ; et en face dans une position romantique, l'on voit une jolie habitation appelée la Vacherie , appartenant jadis à madame Dubocage. Elle est maintenant le séjour des petites nièces de cette femme célèbre ; auteur du poëme de la Colombiade , et qui reçut pendant sa longue carrière les hommages de tout ce que la France avait de beaux esprits. Fontenelle l'appelait sa fille , Voltaire la dixième muse et lui dit en lui mettant une couronne de lauriers sur la tête , c'est le seul ornement qui manque à votre coïffure. *Formâ Venus , arte Minerva* était la devise que lui avaient donnée ses admirateurs :

Elle a les grâces de Vénus,

Les connaissances de Minerve,

'A l'aspect de ces murs, contemplés du rivage ;

De ces bois, de ces prés inclinés sur les monts ;

De ces riants berceaux, et de ces champs féconds

Qu'habitait jadis Dubocage,

Mes yeux, frappés d'un saint respect ;

Qui cru trouver l'éden qu'a célébré sa lyre ;

Et je voyais fuir à regret

Ces monts, ces toits, ces prés déjà loin du navire,

Je te salue, ô séjour enchanteur !

Où les talents unis avec la grâce,

Avaient fixé les vertus et l'honneur,

Et retrouvé les attraits du Parnasse.

Son buste décore le musée de la ville de Rouen ; lieu de sa naissance. Il se trouve aussi dans les galeries de l'académie des arcades de Rome, dont elle était membre. Sa patrie, Lyon et plusieurs autres villes avaient agrégé dans leurs sociétés cette femme aussi distinguée par ses talents, ses vertus et sa beauté, que par son caractère doux, susceptible d'amitié et de constance. Ses lettres sur l'Italie se lisent avec intérêt.

Cependant le navire agité par les ondes,

Avançait lentement, et des vagues profondes

Frappant avec effort les flancs du bâtiment,

Élançaient sur le pont mille gerbes de pluie ;

Et de frêles canots traversaient hardiment

Ces abymes, ces monts de la Seine en furie.

Je ne me serais point trouvé à mon aise dans une de ces petites embarcations, mais je ne voyais aucun danger pour notre navire ; le vent d'ailleurs, quoique très-fort, n'était pas à la tempête.

Ne croyez pas, Madame, qu'à l'imitation de plusieurs voyageurs, j'embellisse par une fiction la fin de notre traversée ; j'ôterais à mon récit le mérite de la vérité, et je continue d'être le copiste fidelle des tableaux que j'ai vus.

Nous approchions du Havre, et nous pouvions déjà nous regarder comme en pleine mer ; la rivière ayant, entre cette ville et la côte opposée au sud, la largeur de trois lieues ; elle reçoit, comme la mer, toutes les impressions des vents ; elle est même plus dangereuse par les nombreux bancs de galet que la marée y dépose et déplace tour-à-tour. Cet inconvénient expose souvent les navires à échouer dans les basses eaux. Nous vîmes assez près de nous, le corps et la mâture de l'un d'eux à qui ce malheur était arrivé deux jours auparavant. De distance en distance on nous fit remarquer les mâts d'autres bâtiments échoués à des époques différentes. Il est expressément défendu d'enlever ces mâts qui servent de balises pour les navigateurs.

Le vent était plus fort que le jour précédent, mais nous n'avions aucun danger à courir ; la rivière était assez haute, et quoique le bateau à vapeur ne tire que trois pieds d'eau, sa structure lui donne une marche douce, et peu de passagers ont éprouvé les désagréments du mal de mer. J'avais fait la remarque que chaque quatrième vague qui venait se briser contre la proue, remontait en partie et retombait en pluie sur le gaillard d'avant.

Ces vagues qui balançaient le bâtiment, leur bruit, cette écume qu'elles formaient par leur choc, étaient pour moi un spectacle ravissant ; je ne pouvais m'en arracher. Je me promenais sur le pont, chancelant sur mes jambes comme un homme ivre ; mais je ne l'étais que de plaisir. J'aurais désiré que le vent eût été encore plus fort : et c'est dans ces oscillations continuelles , infiniment moins sensibles dans les bateaux à vapeur que dans les navires ordinaires , que nous avons fait sept à huit lieues, laissant à notre gauche le port d'Honfleur et à notre droite Harfleur ; ces deux villes à une assez grande distance de nous , pour ne les découvrir qu'imparfaitement. Il était temps d'arriver , car la mer redevenue fort basse, nous permit à peine d'entrer dans le premier bassin , qui fut à sec quelques minutes après. Nous fûmes obligés de descendre dans un canot, et à l'aide d'une petite échelle et de quelques degrés taillés verticalement dans le mur de revêtement du bassin, nous escaladâmes un des quais de la ville du Havre. Je crois, Madame, que vous auriez préféré d'attendre la marée montante , afin de débarquer avec moins de difficulté. Nous vîmes dans ce moment des êtres plus embarrassés que nous. Un bateau passager , chargé de bœufs , arrivait d'Honfleur : on

passait une large courroie sous le ventre de ces ani-
maux, et à l'aide d'une poulie, on les hissait à la
hauteur de vingt pieds sans qu'ils donnassent aucun signe
de vie, dans une position qui leur était si nouvelle.

Que vous dirai-je de cette ville, devenue par son
commerce maritime et par l'avantage de sa position,
d'un si grand intérêt pour la capitale et les dépar-
tements du nord et de l'ouest ? Elle était le but
de mon voyage ; je voulais connaître l'embouchure
de la Seine dans la mer, et cette terre d'alluvion,
qui n'offrait, avant le règne de François Ier., que
quelques huttes de pêcheurs, une crique, des
marais et une chapelle couverte en chaume, changée
depuis en une des plus importantes villes du royaume
et le centre de la navigation de tous les états de
l'Europe. Ce fut ce prince, ami des lettres, des
beaux arts, mais trop partisan de la guerre, qui
reconnut le premier l'avantage de la situation du
lieu, pour la défense de l'entrée du fleuve ; il pré-
voyait une prochaine rupture avec les anglais : le
port d'Harfleur, où se faisaient auparavant des armements considérables, perdait chaque jour de son
importance par la retraite progressive des eaux de
la Seine, qui abandonnaient son rivage.

Il jeta donc, en 1516, les fondements de cette
colonie à laquelle il donna le nom de *François-Ville* ;

la vénération de quelques pêcheurs pour la patronne de leur chapelle , sous le titre de Notre-Dame-de-Grâce , que les marins regardent comme leur étoile tutélaire , a prévalu sur la volonté d'un grand prince. Les bienfaits du souverain , les priviléges et indemnités accordés à ce Havre y attirèrent un grand nombre d'habitants. Ce fut lui qui fit construire l'ancien hôtel-de-ville , le premier bassin qui subsiste encore , la tour qui est à l'entrée du port , des fortifications qui n'existent plus. Il agrandit aussi la modeste chapelle , convertie ensuite en église paroissiale , et remplacée depuis par une des belles basiliques qui sont en France , sous son même titre de Notre-Dame-de-Grâce.

Cette ville devint un des chantiers principaux de ses constructions navales ; et , en 1545 , le Roi , méditant une descente en Angleterre , y avait fait réunir cent cinquante gros vaisseaux et soixante plus petits , construits dans ce port , ainsi que dans ceux de Harfleur , Honfleur et Dieppe.

Le plus grand de ces vaisseaux , armé de cent grosses pièces de canon , prit feu pendant une fête que le Roi y donnait aux dames de la cour. La confusion fut grande , cependant le prince , l'amiral , toute sa suite et l'équipage eurent le temps de descendre dans des galères. On fit remorquer la grande caraque jusqu'à une lieue du port, où elle santa,

Hommage au bienfaisant génie
De ce prince ami des beaux arts ;
Qui fonda cette colonie,
Ses premiers murs et ses remparts.
Heureux habitants de la Seine !
Vous jouissez de ses travaux,
Et chaque jour le fleuve amène
Parmi vous, des trésors nouveaux
Jadis vos rives désolées
Et vos campagnes dépeuplées,
Ne connaissaient que la fureur
D'un soldat ou d'un oppresseur ;
Et vos épouses outragées
Sentaient accroître leur malheur,
En mourant sans être vengées
De l'affront fait à leur pudeur.
Sans courage et sans prévoyance ;
Tout retenait vos faibles bras,
Et vous n'aviez d'expérience
Que pour connaître la souffrance
Qui vous suivait jusqu'au trépas :
Vous ignoriez toute industrie ;
La mer débordant en furie,
Sur la malheureuse Neustrie ;
Transformait en infects marais ;
Les prés, les bois et les guérets

De vos vallons, de vos rivages ;

Et souvent un vainqueur sanglant ,

Incendiait en souriant

Vos toits , vos modestes ombrages.

Les rois successeurs de François Ier., y ont fait plusieurs armements considérables ; ils y ont construit des forts, un arsenal, un palais pour le gouverneur , converti maintenant en un hotel-de-ville, et de belles fontaines amenées de très-loin par un canal.

Le Havre avait déjà une telle importance sous le règne de Charles IX , que le prince de Condé , premier du nom, et l'amiral de Coligny pressés par les troupes catholiques du Roi, offrirent à Elisabeth , afin d'en obtenir des secours, deux places maritimes dans lesquelles la Reine mettrait des garnisons anglaises.

Cette princesse exigea la remise pour équivalent de la seule ville du Havre , qui lui donnait l'entrée dans le cœur de la France, et où elle mit 6,000 hommes de troupes. Elle en augmenta encore les fortifications.

Heureusement la paix se fit bientôt ; le Roi , sa mère , les princes , catholiques et protestants réunis , reconnaissant l'importance d'enlever cette clef du royaume à des ennemis si dangereux, s'empressèrent de faire le siége de cette ville. Elle ouvrit ses portes quelques heures seulément avant l'arrivée d'une flotte anglaise considérable , venue à son secours.

Le gouvernement ayant remarqué ; il y a une vingtaine d'années , la disposition du Havre à devenir un des plus beaux ports de la France pour le commerce , y a fait faire d'immenses travaux. On a creusé et construit un troisième bassin plus grand que les deux premiers , et l'on a le projet d'un quatrième qui mettrait à l'abri du bombardement les nombreux navires qui arrivent dans cette ville. Le Roi pour subvenir aux dépenses considérables qu'exigent les travaux qui s'y continuent depuis son règne , sur les avances des banquiers et négociants , leur a fait pour plusieurs années la cession importante des droits de tonnage sur tous les bâtiments qui entrent dans ce port , ou qui en sortent.

Mon intention n'est pas de vous donner un volume sur cette ville moderne , quelque intéressante qu'elle soit par la beauté de ses rues , de ses quais , de ses édifices nouvellement construits , de ses églises et de son cours. Mais vous me sauriez mauvais gré de passer trop rapidement sur ce qu'elle a de remarquable. Sa rade est sûre, son port de marée unique dans l'Océan , jouit de l'avantage singulier de conserver son plein plus de trois heures après la basse marée , et de se remplir de suite à la haute mer. On y admire des ponts ingénieux, tournant sur leurs pivots, se fermant pour la communication avec les

deux

deux parties de la ville, et le passage des voitures :
et s'ouvrant avec la même facilité pour faire entrer
les navires dans les bassins, ou les en faire sortir.

Dans la rue principale est la belle église de Notre-
Dame-de-Grâce, dont le portail, non fini, est d'une
noble architecture. Commencée sous le règne de
François Ier., abandonnée durant les guerres de reli-
gion, continuée sous Henri IV et par ses libéralités,
lorsqu'il fit son entrée au Havre en 1603, elle ne
fut finie que sous le règne de Louis XIII. On estime
ses vitraux en verres coloriés, les statues des douze
apôtres qui sont autour du chœur, et d'une grandeur
plus qu'ordinaire, les reliefs de la chaire où sont
représentés les quatre évangélistes, mais sur-tout
l'autel de la sainte Vierge, remarquable par un tableau
de l'Assomption, qui m'a frappé, malgré mon igno-
rance en peinture ; le retable avec ses colonnes torses,
ornées de pampres d'un beau travail, et s'élevant
jusqu'à la voûte. Cette chapelle de la Vierge est adossée
au chevet de l'église, dans une superbe décoration,
elle est séparée du grand autel par des balustres.

Du même côté de l'église, en suivant la grande rue,
est une belle place terminée par le prétoire, où se
tient le marché.

Bientôt cette même rue sera embellie par une
magnifique salle de spectacle, déjà bien avancée, qui

jura en perspective le grand bassin meublé d'une
forêt de mâts et de pavillons de toutes les couleurs ;
et à sa gauche le beau côteau d'Ingouville.

> Gentils Chapelle et Bachaumon ,
>
> Joyeux disciples d'Epicure ,
>
> Nourris dans le sacré vallon ,
>
> Et coureurs de bonne aventure ,
>
> Gens de bel air , mais sans façon ,
>
> Vous auraient fait autre peinture
>
> Dans quelques vers pleins d'abandon.
>
> Peintres charmants , conteurs fidèles ,
>
> Nos devanciers et nos modèles ,
>
> Qui pourrait prendre votre ton ?
>
> Voltigeant de châteaux en villes ,
>
> Par tout fêtés , par tout heureux ,
>
> Toujours plaisants , toujours faciles ;
>
> Ces voyageurs voluptueux
>
> Trouvaient par tout des cœurs dociles
>
> A répondre à leurs tendres feux.
>
> Aussi de leur aimable lyre
>
> Coulaient des vers légers comme eux ;
>
> Et leurs écrits qu'on aime à lire
>
> Plairont encore à nos neveux.

Vous devez remarquer, Madame, l'immense avantage que la description de ces aimables auteurs a sur
la mienne , indépendamment de la supériorité du

taient. Ils mirent trois mois à traverser toute la France ; six jours m'ont suffi pour parcourir par eau un rivage de quarante lieues, et une distance par terre de vingt lieues de pays ; ils trouvaient par tout des amis, des connaissances, et des personnes qui s'empressaient de leur donner des fêtes ; je voyageais seul, pour ainsi dire, étranger sur une terre éloignée, et livré à mes observations et à mes réflexions solitaires ; ils étaient jeunes, brillants de santé, et plus de soixante ans ont sillonné mon front.

J'ai vu, en deux jours, ce que le Havre renferme de remarquable ; je suis monté sur la terrasse de la tour de François Ier., qui est à l'entrée du port. L'on découvre de ce lieu, un espace immense de mer, dont la vue n'atteint pas le terme, une suite de côtes vers l'occident prises pour des nuages, quand le ciel est couvert ; dans la basse marée, la Seine qui porte majestueusement ses flots dans la mer, ou si c'est le temps de la haute marée, l'Océan pénétrant dans le sein de la rivière, et refoulant ses eaux avec impétuosité. Les vents sont-ils déchaînés sur les ondes, alors on n'entend plus que le mugissement des vagues qui s'élèvent dans les nues, et se creusent des abymes.

J'ai été témoin de la dernière scène de ce beau spectacle, le soir de mon arrivée, et des deux autres le lendemain. La population de cette ville est à présent de 35 à 36,000 individus.

J'avais une lettre de recommandation pour M. Legros, du Havre, distingué par son savoir, et précieux aux amateurs des beaux arts par sa complaisance. Par lui, je n'étais plus un étranger dans une ville, cherchant péniblement les beautés qu'elle renferme. J'arrivais à tout, je voyais tout. Avec lui, après avoir visité la ville en tous sens, et traversé un beau cours, et ses nouveaux boulevarts, nous sommes montés sur le côteau d'Ingouville, gros bourg fort bien bâti, très-vaste, et peuplé de dix mille individus. Il n'est séparé du Havre que par le cours. Son côteau est ravissant par le grand nombre de jolies habitations qui sont sur sa pente, par la beauté de leurs avenues, et par le luxe de leurs jardins. J'ai vu celle du conseiller-d'état, comte Bégouen ; la noblesse de ses vastes bâtiments, l'agrément des jardins, des avenues et du parc, la met dans une harmonie parfaite avec celle de la situation. Elle domine Ingouville, le Havre, son port, les vaisseaux, la mer, les phares, le bastion de Sainte-Adresse, la côte de Grâville et une vallée florissante, couverte d'arbres, de moissons et de belles fermes. Cette habitation présente le panorama naturel du Havre et de ses environs.

Le Havre, situé à l'embouchure de la Seine, est comme le port de toute la France, respectivement à la situation de la capitale.

L'on ne peut douter que le sol sur lequel il est bâti, ne soit une terre d'alluvion : les monuments historiques en font foi. La découverte qu'on y fit, il y a soixante ans, du corps d'un navire avec son lest et ses mâts enfouis à une grande profondeur, démontre qu'il avait échoué, dans ce lieu, à une époque très-reculée. Celle de plusieurs gros anneaux de fer, unis à des pierres trouvées dans des fouilles faites vers Grâville et Ingouville, est une autre preuve que la mer avait autrefois baigné ces côtes. Tandis qu'il s'élevait une nouvelle terre dans le lit de la rivière, l'impétuosité de la mer en ruinait une autre à Saint-Denis, chef de Caux, surnommé le cap de la Hève, qui n'est éloigné du Havre que d'une petite lieue, et qui a perdu par diverses inondations, plus de la moitié de son territoire. Je termine là des digressions étrangères à mon sujet.

En allant visiter le parc aux huîtres près lequel s'est établi un restaurateur pour les amateurs de ce coquillage, je vis près de là le donjon ou la citadelle que le cardinal de Richelieu, gouverneur de cette ville, y a fait bâtir, et où furent enfermés les

princes de Condé, de Conti et de Longueville ;
durant les troubles de la Fronde.

C'était au temps d'une faible régence,
Jours de discord, de haine et de vengeance,
Où las du joug d'un prêtre (1) presque Roi,
Et fatigués de leur obéissance,
Les courtisans voulaient donner la loi
(2) Au successeur d'une grande éminence,
Qui gouvernait et la Reine et la France.
Alors vivaient au sein des voluptés,
De grands seigneurs avides de richesses,
Ambitieux, amis des nouveautés,
Trompeurs, trompés par de feintes caresses.
Alors siégeaient, au temple de Thémis,
Des magistrats, *nés tuteurs de nos princes,*
Tous gens *sensés, du bien public épris,*
Et par amour soulevant les provinces.
A côté d'eux, marchait un cardinal (3) ;
Ardent apôtre au chœur de son église,
Voluptueux, factieux, inégal,
Frondant la cour qui le flatte, méprise ;
Et le surprend par un air amical.
Que de complots, que d'intrigues risibles ;

______

(1) Le cardinal de Richelieu.
(2) Le cardinal Mazarin.
(3) Le cardinal de Retz, co-adjuteur de Paris,

Formés , rompus , renoués tour-à-tour !
Gens inquiets , mais jamais inflexibles ;
Tous étaient près de se vendre à la cour ,
Tous étaient prêts à la guerre civile ,
A mettre à prix le ministre en faveur ,
Qui plus que tous , en politique habile ,
Les divisa, louvoya , fut vainqueur.
Dans ce conflit de cabales contraires ,
Qui ne voulaient que le bien de l'état ,
Quel cœur fut pur ? Que d'ames mercenaires
Ont à l'honneur préféré l'attentat.

Je ne croyais pas , Madame , alonger autant le récit de mon voyage sur la Seine ; mais comment se borner quand on parle de tant d'objets si intéressants à voir. Moins d'autres ont frappé mes yeux dans le retour que j'ai fait partie par eau, partie en voiture, et partie à pied. J'aime assez cette manière de voyager.

Le 29 Juillet je m'embarquai sur *le Triton* , vaste et beau bâtiment à vapeur , d'un tiers plus grand que *la Duchesse de Berry*. Sa première destination était de faire le transport des marchandises du Havre à Paris , mais tirant une trop grande profondeur d'eau, il est devenu bâtiment de transport et de passage pour les marchandises et les voyageurs du Havre à Honfleur et communes limitrophes.

Ce bateau est en grande activité, et il fait ordinairement deux voyages par jour : le maximum du temps qu'il emploie pour les trois ou quatre lieues de traversée, est d'une journée, la nôtre n'a été que de cinquante-cinq minutes.

La mer était fort calme ; nous avons eu le plaisir de voir continuellement des marsouins ou cochons de mer se jouer sur les ondes , disparaître à l'instant , et revenir encore nous présenter leur grosse échine arrondie. Nous fûmes distraits de cette scène agréable, par la rencontre que nous fimes d'un grand bateau ordinaire, ayant la même destination que *le Triton*. Il nous avait précédés d'une heure : nous avions en vue et de très-près le cap de Grâce , sur lequel est une chapelle , dédiée à la sainte Vierge , sous le titre de Notre-Dame de Grâce. Cette chapelle , comme celle de Fouvières à Lyon , jouit d'une grande célébrité par ses miracles , surtout parmi les gens de mer. Quand nous fûmes dans le travers du bateau, nous entendîmes la voix forte du patron recommander à ses passagers d'adresser une prière à la Vierge Marie, afin d'obtenir une heureuse entrée dans le port, et la remercier d'un navigation favorable. Elle avait été de deux heures. Les passagers étaient nombreux, et nous en aperçumes quelques - uns se conformer à la piété du patron: nous entrâmes un peu avant la nuit dans le port d'Honfleur qui est très-commode, et qui renferme deux bassins pour les navires.

Ne voulant rester que fort peu de temps à Honfleur, je m'empressai de visiter ses bassins et ses rues avant la nuit, remettant au lendemain pour voir ce que cette ville, peuplée de dix mille individus, a de plus remarquable. Elle est située au pied de deux collines, bâtie en bois et en briques ; ses rues sont étroites et tortueuses. Son port est peu fréquenté, ses pêches sont tombées en grande partie, et son commerce principal est dans la vente de ses productions en blé, cidre et bois. On estime ses gros melons dont on fait de grands envois en Angleterre ; on y expédie aussi des cerises et beaucoup d'autres fruits. Le cours d'Honfleur est très-beau, il s'étend sur les deux côtés de la grande route de Rouen à Caen, par une double rangée d'ormes d'une végétation vigoureuse. L'entrée de la ville du côté de Lisieux et de Caen est meublée de plusieurs maisons nouvellement construites et dans un bon genre.

Réveillé de bonne heure le lendemain, je montai sur la côte de Grâce, intéressante par la beauté de sa situation, dominant une vaste étendue de mer, de plaines et de côteaux. J'étais préparé au magnifique spectacle que la nature allait m'offrir sur ce promontoire. Il était à peine jour ; un doux zéphir soufflait dans l'atmosphère ; la montée est douce, une longue avenue, non régulière, de tilleuls, d'ormes et de chênes, embellit l'étroit chemin qui mène à la chapelle. J'arrive sur un plateau de verdure ; le soleil n'était pas encore levé sur l'horizon, mais déjà un pourpre éclatant se dessinant sur les eaux du beau fleuve, annonçait sa présence. Bientôt je le vois se détacher de sa demeure enflammée : mes yeux ne peuvent soutenir long-temps son éclat ; je les reporte, pour les reposer, sur ce tapis de gazon que je n'avais fait qu'entrevoir, et je contemple avec délice ce plateau que traversait le petit chemin de la Vierge. Les deux côtés du sentier ont une forme circulaire, un peu irrégulière, et qui n'en plaît que mieux ; l'un plus petit est environné de beaux ormes, et l'autre est ombragé par un massif d'arbres de la même espèce. La chapelle n'était point ouverte : c'était un dimanche, je suis un joli sentier, il s'élargit, et de distance en distance je découvre de l'ombrage, de belles clôtures et des vergers de pommiers et de poiriers qui donnent la boisson du pays : des troupeaux y trouvent aussi leur nourriture. Je réviens vers la chapelle : j'en fais le tour, je m'avance d'avantage vers le sud-est, et tout-à-coup je suis saisi d'admiration à la vue du nouveau spectacle qui se déve-

loppe devant moi. Je marche sur un autre tapis de
verdure ombragé. A l'une des extrémités de cette
nouvelle terrasse, Honfleur tout entier se présente
avec ses jardins, son port, son phare et ses bassins:
Je le vois entre ses deux côteaux, suivi d'une vallée
superbe, d'une belle rotonde d'arbres vigoureux qui
donne l'entrée à un joli cours et à la route de Caen.
Des habitations nombreuses, des jardins, des vergers
et des prés meublent cette vallée qui, reprenant une
pente assez rapide et toujours boisée vers les deux
côteaux, est couronnée au sommet par des massifs
d'arbres d'une belle végétation...

Je reviens sur mes pas, je retourne à la pointe
du cap, qui n'était point pour moi le cap des tem-
pêtes. Je m'assieds au pied d'un arbre, et je promène
de nouveau mes regards avides sur la vaste étendue
que mon imagination ne peut mesurer ; sur les riches
plaines du pays de Caux, sur de belles montagnes,
sur un pays vaste, cultivé, peuplé, sur cette
majestueuse rivière que sillonnaient dans le moment
quelques navires, sur d'autres assez près échoués,
dont on découvrait encore les mâts dans des bas-
fonds. Je vois dans le lointain, sur la rive opposée ,
Harfleur, ville autrefois célèbre et puissante, d'où
partit avec une flotte formidable pour conquérir
l'Angleterre , un des vassaux du Roi de France ;

Guillaume ; duc de Normandie. Cette ville ; jadis l'arsenal de la marine française et la clé du royaume , qui vit tant de fois les vaisseaux de l'anglais se ranger devant ses tours pour les abattre , n'a plus d'éclat que dans l'histoire ; elle n'offre plus à l'œil étonné qui la cherche , que des maisons chancelantes, des murs foudroyés , et qu'un port comblé , enseveli sous l'herbe que paissent ses troupeaux (1).

Cette vue , ces images de grandeur et de destruction m'ont plongé pendant quelques minutes dans une douce mélancolie. Elle fit place à d'autres sensations. Déjà le plateau , auparavant désert , se peuplait de dévots, de curieux , d'une folâtre jeunesse de la ville et des campagnes , de marchands de comestibles et de rafraîchissements pour les danseurs de la journée , et de mendians , cortége inséparable de la multitude.

La chapelle est ouverte , j'y entre ; elle est simple et décente comme la Vierge dont elle porte le nom. Je parcours tous les ex-voto de tableaux des navigateurs que la piété ardente a voués au moment du danger ou d'un grand intérêt ; mais tous exécutés avec un pinceau sans vie et sans grâce. La messe sonne , la foule se précipite dans l'église ; j'en sors avec elle ;

______

(1) L'église d'Harfleur est d'une belle architecture gothique : on aperçoit de très-loin les flèches du clocher , elles sont remarquables par leur beauté, ainsi que par leur légèreté.

Je contemple pour la dernière fois les objets qui

m'avaient frappé. Ils ne sont plus les mêmes.

Autour de moi , tout a changé de face ;

Et la verdoyante surface

Disparaît sous les pieds poudreux

De la foule accourue à la joyeuse fête

Que l'on célèbre dans ces lieux.

Là, chacun à l'envi s'apprête

A jouir d'un beau jour , d'un air pur , des plaisirs

Que lui promet une Assemblée ,

En d'autres lieux Vogue appelée ;

Epoque quelquefois de fâcheux souvenirs.

Par tout des tables sont dressées ,

Cruches de cidre y sont placées ;

De simples mets , des fruits de pâte environnés

Couvrent la nappe et sont les déjeûnés

Que chacun prend au sortir de la messe ;

Déjà sur des tréteaux assis

Des favoris d'Euterpe une troupe en liesse

Préludant par des airs chéris

Par tout ajoutent à l'allégresse.

Vingt couples très-vîte assortis ,

D'une jeunesse aimable, avancent en cadence ;

La scène change , on entre en danse ,

Et je quitte à regret ces rivages fleuris.

Ma place était retenue et payée de la veille ;

l'heure m'appelait. Dans mon printemps ; rien ne m'aurait séparé de cette fête mi-partie urbaine et champêtre. J'avais quelque peine de ne pas attendre, du sommet de ce cap, l'arrivée d'un grand nombre de barques et de canots chargés de la brillante jeunesse du Havre, et traversant quatre lieues de mer, afin de prendre part à la fête du côteau de Grâce.

Je descends ce joli chemin que gravissait encore un grand nombre de personnes. Arrivé près d'une église assez spacieuse, j'y entre : elle est en bois et en briques, sa voûte en bois est supportée par trois rangs de colonnes en chêne, celles du milieu, plus élevées que les autres, sont décorées au sommet par des moulures et des sculptures à jour, et je vois pour la première fois une église séparée de son clocher par une place qui sert de marché.

Honfleur n'ayant plus rien de remarquable à voir, je monte en voiture, et nous arrivons à deux heures après midi à Pont-Audemer, ville de cinq à six mille individus, que traverse une petite rivière sur laquelle sont des usines et des moulins. Il y a six lieues de l'une à l'autre villes, et nous les avons faites en trois heures. La rivière parcourt un pays fertile : la vallée de Toutainville qui est sur la route d'Honfleur à Pont-Audemer, est intéressante à voir. Elle aborde

en cerisiers dont un grand nombre était encore cou=
vert de leurs fruits. Nous avions manqué la voiture
de correspondance avec le village de la Bouille sur
la Seine , par la faute de notre conducteur , parti
trop tard. Ce fut pour moi une augmentation de
jouissances plutôt qu'un inconvénient.

Ne croyez pas que courroucé
De semblable mésaventure ,
Au conducteur j'aie adressé
Quelque apostrophe ou quelque injure ;
Et blâmé la pesante allure
De son cheval non délassé.
Il trottait bien : la pauvre bête
N'en pouvait mais , et le fouet
Allait bon train , et faisait fête
Sur les flancs du cheval discret.
Un gascon , né sur la Garonne ,
(J'en connais dans tous les pays)
Bon diable , chassant les soucis ,
Plaisamment disait que personne
Ne devait mieux être étrillé
Que notre conducteur avide ,
Qui , pour un intérêt sordide ,
Tardivement avait lié
Son cheval à notre voiture :
Il disait vrai, je vous le jure ;

'Aussi le cadédis armé,

Voulait sur le dos du bélître,

'Appliquer, d'un bras animé,

Des coups mérités à bon titre:

Moi plus calme, et sans nul courroux;

Je dis au cadédis colère :

Retenez votre bile amère,

Sinon, Monsieur, assurez-vous;

Qu'un bon procès est le salaire

Qui le vengera de vos coups.

Et le gascon de filer doux,

D'après mon avis salutaire.

Il fit très-bien : nous étions sur une place, et la pétulance gasconne, quoique fondée, n'aurait pas eu beau jeu.

Le voiturier nous avait promis la veille de nous rendre à Pont-Audemer, avant le départ d'une voiture publique de cette ville pour la Bouille ; il nous avait mis en retard d'une heure, dans l'espoir d'avoir d'autres voyageurs par l'arrivée du *Triton* avant notre départ.

Le gascon était mon seul compagnon de voyage : ainsi que moi, il aimait assez à faire à pied une partie du chemin, et il avait à la main une canne de pêcheur, dont il faisait usage, quand il était las et près d'une rivière. C'était, disait-il, sa manie ;

tout

tout en courant le monde , pour placer quelques pièces de vin de Bordeaux. Il causait avec intérêt : sa valise, comme la mienne , était petite , le pays agréable à voir , le chemin beau , le temps couvert , sans crainte prochaine de la pluie. Nous sommes bientôt décidés à faire à pied , en deux demi-journées , les sept lieues qui séparent Pont-Audemer de la Bouille ; mais à peine avons-nous fait une petite lieue que , revoyant la petite rivière que nous avions traversée dans cette dernière ville , sa manie de pêche le reprend ; il me fait ses adieux , et court tendre des piéges à quelques goujons qu'il ne doit pas manger.

Me voilà seul, mais j'ai un petit livre de poche et mes réflexions ; un beau pays devant moi , mes observations, mon crayon et d'assez bonnes jambes pour faire sans gêne trois ou quatre lieues par un temps couvert. Ces moyens me suffirent pour arriver sans peine et sans ennui au Rougemontier vers les six heures du soir. C'est un assez joli village , distant de trois lieues et demie de Pont-Audemer. Près de l'auberge , je vois une danse champêtre sur une belle pelouse , bien ombragée et joignant la grande route. La gaieté animait la danse, je m'en approche , mes yeux prennent part à la fête , et je m'assis auprès de cette joyeuse jeunesse, près de laquelle les pères de famille jouaient aux quilles et au palet ; tandis que les mères en groupe faisaient des contes ou regardaient danser leurs enfants.

Mon dîner fut *chétif, et sans beaucoup d'apprêts ;* ce qui a bien son avantage : on évite par là les indigestions et l'insomnie. Aussi je dormis bien , et sans avoir été bercé en songe , par les charmes des beautés villageoises que j'avais contemplées avec plaisir , au moment de la danse. Levé de grand matin , afin de profiter de la fraîcheur , je fais avant le déjeûner , trois lieues et demie à pied. Je traverse le long Bourg-Achard , assez bien bâti, le beau village de Saint-Ouen , où sont quelques châteaux, et de jolies habitations. Par tout sur mon passage , je découvre un sol fertile , une culture bien entendue , des moissons superbes, des clôtures soignées et des vergers vastes auprès de chaque maison. Chaque côté du chemin présente une ligne de pommiers gros , vigoureux , et tels que je n'en vis jamais. Les gelées tardives avaient enlevé le peu de fruits qu'ils promettaient , mais la récolte précédente avait été d'une extrême abondance.

Tout ce pays parcouru m'offrait une vaste plaine , et sans monter je me trouvai au sommet des collines élevées de la Bouille , dont la vue s'étend sur une riante vallée située vers la rive droite de la Seine.

Presque toutes les maisons de cette commune sont au bas des collines, le long du fleuve, et la descente pour y arriver par terre est très-longue et fort rapide. Les rapports de ce bourg et des communes voisines avec la capitale de l'ancienne Neustrie, sont très-multipliés.

Chaque jour, à des heures réglées et différentes, partent pour Rouen et reviennent, quatre grands bateaux pontés, ayant chacun deux chambres. La modicité du prix des places fixées à 80 centimes et à 35 centimes, fait que ces bateaux sont presque toujours remplis de personnes, soit en descendant le fleuve, soit en le remontant.

Me voilà, Madame, au terme de mon voyage : Je me suis embarqué sur un de ces bateaux qui m'a porté, en trois heures, à quelques pas de mon domicile. J'ai revu, dans le trajet, les premiers objets que j'avais admirés en partant, et je finis un récit déjà trop long, avec le regret d'avoir oublié de visiter la grotte des stalactites de Caumont.

Je me suis promené assez long-temps près des vastes carrières de ce nom le long du rivage, en attendant le bateau que je devais prendre ; j'ai causé avec quelques ouvriers de ces carrières, et rien ne m'a rappelé le souvenir de cette grotte merveilleuse qui offre un temple de cristaux formé comme par enchantement.

J'irai, si j'en ai le temps, avant l'envoi de ce manuscrit, visiter cette grotte et revoir l'aspect sauvage et pittoresque des roches de Caumont qui se prolongent sur la rive gauche de la Seine.

Les renseignements que j'ai obtenus depuis sur cette grotte, ont fait cesser le désir que j'avais de la visiter. La difficulté d'y pénétrer, les graves inconvénients auxquels on est exposé, rebutent même l'ardente jeunesse avide de connaissances. Il faut s'y traîner presque en rampant dans l'eau et la vase, et dans une grande profondeur, à raison des éboulements qui s'y sont faits depuis quelques années. Il serait à désirer que l'administration départementale, prenant quelque intérêt à sa conservation, fît déblayer, agrandir et étayer l'entrée et l'intérieur de la grotte.

Le maire du lieu, à qui la surveillance en serait confiée, pourrait indiquer un homme sûr, afin de servir de guide aux amateurs des secrètes opérations de la nature dans la formation de ces cristaux magnifiques. Les rétributions volontaires ou fixées, faites au conducteur et gardien de cette grotte, seraient une indemnité suffisante pour l'emploi de son temps. C'est une pensée que je soumets à la sagesse du chef d'une grande administration.

FIN.

DÉDICACE.

O vous à qui j'adresse mon voyage,
Chere épouse de mon ami,
Vous dont l'esprit brillant et sage,
Par le savoir est embelli,
Sans morgue et sans afféterie :
Femme charmante, et d'un époux
Comme elle aimé, la compagne assortie,
      Cet ouvrage, entrepris pour vous,
      C'est à vous que je le dédie.
J'ai vu des bords riants et des pays nouveaux,
Je connais leurs beautés, j'ai vanté leurs travaux,
Les progrès de leurs arts, de leur riche culture ;
Mais je vis loin de vous, et mon cœur en murmure.
Le destin, dois-je dire, ou propice ou cruel,
M'a porté de la Saône aux rives de la Seine :
Sur le déclin des ans, je vois un nouveau ciel,
Et l'amour paternel en d'autre lieux m'enchaîne.
De nos jours trop souvent tissus par les regrets,
Nous consumons le cours ; et nos belles années
      S'écoulent dans de vains souhaits,
      Sont le jouet des destinées.
L'homme, faible roseau sur la terre agité,
      Pour être mieux, sans cesse se tourmente :
      Ah ! je le sens, tout n'est qu'anxiété,
      Et le plaisir souvent l'enfante.

TRADUCTION

DE LA

PREMIERE SATIRE D'HORACE,

LIVRE PREMIER.

A MÉCÈNE.

Qui fit, Mæcenas, ut nemo, quam sibi sortem.

MÉCÈNE, apprenez moi comment il peut se faire
Que nul de son état ne se trouve content,
Soit qu'on l'ait pris, poussé par un destin contraire;
Ou soit que la raison ait fait un choix prudent.
L'homme croit que quelque autre est au sien préférable:
Qu'un marchand est heureux, dit un soldat brisé
Par les travaux de Mars, sous le poids qui l'accable.
Le marchand à son tour, par l'orage froissé,
Au milieu des fureurs d'une mer irritée
S'écrie : oh, que l'état du soldat est meilleur !
L'heure arrive, on se bat, une mort affrontée
Vous l'enlève à l'instant, ou bien il est vainqueur.
L'avocat réveillé dès l'aube matinale,

Porte envie au colon qui frappe à son logis ;
Et cet homme des champs, fatigué du dédale
D'un procès qui le sort de son humble pourprix ;
Ne voit de fortunés que les gens de la ville.
Ces faits sont si nombreux, qu'un parleur renforcé ;
De les tous raconter trouverait difficile :
Mais pour venir au but que je me suis tracé,
J'abrège, écoutez moi : Si quelque Dieu propice ;
Se montrant à ces gens mécontents de leur sort ,
Leur disait, je veux bien satisfaire un caprice ;
Toi soldat, sois marchand, un navire est au port ;
Homme de loi , deviens un laboureur utile ;
Echangez entre vous et de rôle et d'état ,
Vous le pouvez : eh quoi ! chacun reste immobile ;
Parmi vous maintenant a cessé tout débat :
Ils veulent conserver ce qui peut leur déplaire ;
Ils pouvaient cependant voir leurs vœux satisfaits ;
Ah ! Jupiter devrait, déployant sa colère ,
N'être plus indulgent pour des vœux indiscrets.
Je dis plus, et ceci n'est point plaisanterie ,
Quoique la vérité se dise en se jouant,
Ainsi qu'un maître adroit use de flatterie
Pour donner à l'enfance un précepte important.
Mais parlons sans détour, et changeons de langage :
Voyez celui qui trace un pénible sillon,
Ce soldat dans les camps déployant son courage ,

Ce marchand canteleur, cabaretier fripon,

Et ce négociant monté sur un navire,

Bravant tous les dangers d'un perfide élément,

Ils vous répondront tous qu'un seul but les attire :

L'objet de leurs travaux est l'amour de l'argent :

Ils veulent s'assurer un bien pour leur vieillesse ;

Semblables, disent-ils, à la sage fourmi

Qui traîne en son grenier des grains de toute espèce,

Prévoyant l'avenir et l'hiver ennemi.

L'exemple, je l'admets ; mais la fourmi prudente,

Quand la neige et Borée ont glacé l'horizon,

Demeure renfermée, et jouit patiente

Des trésors amassés dans l'heureuse saison.

Mais vous, est-il un temps, un jour qui vous arrête ?

Les rigueurs de l'hiver, les chaleurs de l'été,

Le feu, le fer, la mer, les vents et la tempête,

Rien ne suspend le cours de votre avidité,

Afin de surpasser vos voisins en richesse.

A quoi vous serviront ces trésors amassés,

Enfouis en secret, que dans votre faiblesse

Vous n'osez entamer, en disant c'est assez,

Craignant de vous priver d'un juste nécessaire.

Mais si vous n'y touchez, quel charme y trouvez-vous ?

Mille sacs de froment sont battus dans votre aire ;

Avez-vous pour cela plus d'appétit que nous ?

Votre esclave chargé de porter la corbeille,

Pour sa peine obtient-il double part ? Nullement.
Eh ! qu'importe à celui que la raison conseille,
D'avoir dix jougs de bœufs, ou d'en posséder cent.
» On aime, direz-vous, vivre dans l'abondance : «
S'il m'est permis de prendre , en un tas moins fourni ,
Ce qui doit contenter pour une honnête aisance,
Pourquoi donc préférer un grenier mieux garni ?
Il vous faut un flacon d'une eau saine et limpide ,
Dans un fleuve profond vous voulez la puiser ,
Plutôt qu'à la fontaine où le bon sens vous guide :
Qu'arrive-t-il ? Celui , qui veut bien s'exposer ,
Voit la terre et ses pieds emportés dans les ondes ;
Tandis que le mortel qui se borne au besoin ,
Ne boit point d'une eau trouble , et les vagues profondes
Ne traînent point le corps d'un imprudent au loin.
La plupart des humains , jouets de l'avarice ,
Ne sont jamais contents , et restent convaincus
Qu'ils ne valent qu'autant que le destin propice
Accorde à leurs désirs un bon nombre d'écus.
» Comment donc les guérir de cette maladie ? «
Nul moyen de les rendre heureux contre leur gré.
Ils sont tous travaillés par la même manie,
Que cet athénien , avare invétéré ,
Qui disait aux railleurs , » on me siffle , on me hue ,
» On rit de ma personne, et moi je m'applaudis ,
Lorsque, rentré chez moi , je vois ma caisse accrue

» Tantale meurt de soif dans un fleuve : tu ris,

Mais sous un autre nom, c'est ta fidelle histoire :

Tu dors, bouche béante, à côté de ton or ;

A n'y toucher jamais, tu mets toute ta gloire ;

Ainsi que d'un tableau, tu jouis d'un trésor.

Mais sais-tu d'un écu l'usage qu'on peut faire ;

Achète, malheureux, des légumes, du pain,

Achète un peu de vin, enfin le nécessaire,

Dont la privation est un malheur certain.

Mais veiller et pâlir dans des transes mortelles ;

Passer le jour, la nuit à craindre les voleurs,

Le feu, des serviteurs fugitifs, infidelles ;

Voilà donc tes plaisirs, le prix de tes sueurs :

Si c'est ce qu'on appelle être riche et tranquille ;

Me préservent les dieux d'être riche à ce prix.

» Mais si la fièvre ardente échauffe votre bile,

» Ou qu'un autre accident vous retienne au logis,

» Auprès de soi l'on a quelqu'un qui vous soulage ;

« Qui soigne vos bouillons, qui court aux médecins ;

» Les pressant d'apporter quelque utile breuvage,

Pour vous rendre à l'épouse, à vos enfants chagrins.

« Chagrins, n'en croiez rien, votre épouse lassée

Voudrait vous voir en terre, ainsi que vos enfants ;

Tout le monde vous hait, valets, voisins, parents ;

Contre votre avarice ont l'ame courroucée.

Vous en êtes surpris ; mais est-il étonnant

Que ; n'aimant que votre or , personne ne vous aime.

Vous , avoir des amis , erreur , sottise extrême :

Quand vous ne faites rien pour être bienfaisant ;

C'est instruire un vieux âne à devenir brillant.

Il faut bien à la fin que l'amour du gain cesse :

Plus on s'est enrichi, moins on craint le besoin.

Votre désir était d'acquérir la richesse ;

Vous l'avez, il suffit : sur-tout n'imitez point

Certain Umidius , de honteuse mémoire :

Le récit n'est pas long , écoutez cette histoire.

Opulent à compter ses écus par boisseaux ,

Umidius poussait l'avarice sordide

Au point qu'un drap grossier , quelquefois en lambeaux,

Etait le vêtement de cet être stupide ,

Qui craignit constamment de périr par la faim.

Mais une concubine , une simple affranchie ,

Ainsi que Clitemnestre , entreprenante , aigrie ;

Trancha sa destinée en lui perçant le sein.

» Selon vous , il faut donc qu'à l'avenir j'imite

» Ce fou de Mévius ou bien Nomentanus ?

» Qui vous dit de sortir d'une juste limite ?

Donner dans l'autre exrême , autre erreur , sot abus;

Si je blâme si fort une basse avarice ;

Je ne veux pas de vous faire un dissipateur:

Entre ces deux excès l'homme sage se glisse;

Et l'on peut, croyez-moi, vivre avec quelque honneur

Sans donner dans aucun de deux vices contraires.

Pour se conduire, il est des règles tutélaires,

En deçà, loin de là, vous blessez la raison.

Je reprends mon sujet : tel que cet harpagon ;

Nous vivons mécontents, nous envions les autres :

Les troupeaux du voisin sont plus beaux que les vôtres ;

Cela seul vous suffit pour sécher de chagrin.

Que ne regardez-vous combien votre destin,

A celui du grand nombre, est encor préférable.

On s'empresse, on se heurte, on est insatiable,

Et toujours devant soi l'on trouve un plus heureux.

Ainsi, lorsque les chars sortent de la barrière,

Les rivaux, à l'envi, volent, ambitieux

D'arriver les premiers au bout de la carrière,

Sans craindre un concurrent qu'ils laissent derrière eux,

Il arrive de là qu'il est bien difficile

De rencontrer des gens pleinement satisfaits

De leur condition et de l'usage utile

Qu'ils ont fait de leurs jours, les quittant sans regrets ;

Rassasiés, et tels qu'un aimable convive

Sort joyeux d'un banquet.... Mais je termine enfin ;

Car vous pourriez me faire une critique vive,

Si vous me soupçonniez d'avoir pillé Crispin.

FIN.